Amazon FBA

Introduzione

Quando si parla di mercato online e di commercio elettronico, Amazon gode di un livello di notorietà top of mind.
È il primo nome che ti viene di sicuro in mente in questo scenario, nonché l'azienda che ha rivoluzionato il mercato della compravendita digitale, grazie al suo shop, ricchissimo di articoli di ogni categoria.

Tantissimi internauti si connettono al sito internet di Amazon già con l'idea di comprare, perché sanno cosa vogliono. Insomma, un certo flusso di clienti, disposto a pagare, e anche bene, risulta attirato dal brand di Amazon, conosciutissimo ovunque.

Se hai anche una minima esperienza nel campo delle vendite online, saprai benissimo che se decidi di mettere in commercio i tuoi prodotti su Amazon, devi vedertela con un'infinità di altri venditori, molti dei quali tuoi diretti competitor, perché attivi nel tuo settore.

Al tempo stesso, della selezione dei fornitori, della gestione dei processi di vendita e dell'organizzazione delle spedizioni, sei tu, in quanto venditore e imprenditore, a dovertene occupare in prima persona.

Indice

Introduzione **2**

Indice **4**

Cos'è Amazon FBA **7**
    Un'opportunità per tutti 16
    Come funziona Amazon FBA 20
    Amazon FBA vs Programma di Affiliazione 25
    Amazon FBA vs Amazon FBM 28
        Scegliere FBA o FBM? 30

La Guida Pratica **31**
    La Registrazione 31
    Cosa vendere? 33
    Il prodotto perfetto per iniziare 38
    Come trovare un fornitore in Cina 54
        Come pagare il fornitore in sicurezza 62
    Packaging del prodotto 65

Il tuo negozio Amazon 68
    Un'immagine vale più di mille parole 69

La descrizione del prodotto.....................71

Spedisci i prodotti 72

Ci siamo: ecco la vendita 74

Gli oneri del venditore 78

Marketing per FBA.............................*79*

    I Tool Indispensabili 87

    Quanto si guadagna con FBA? 91

    L'online abritrage....................................93

    Amazon FBA: non solo rose e fiori...........100

    Come ottenere vendite in modo costante
....105

        Ma non è tutto oro quel che luccica 107

    Le principali cause di fallimento 108

    Amazon FBA su misura...........................117

Conclusioni *121*

    Disclaimer..123

Cos'è Amazon FBA

In termini di definizione, Amazon FBA può essere classificato come un servizio di gestione e di organizzazione dell'intero processo di vendita, seguito da Amazon a 360 gradi.
È Amazon che fornisce ai suoi venditori il suo marketplace, dove mettere in commercio i prodotti. Il bello? Lo staff di Amazon lavora per te.

Il tutto, chiaramente tenendo presenti i vantaggi del commercio elettronico: a differenza dei negozi fisici, il sito internet di Amazon non conosce orari di chiusura, essendo aperto h24, 7 giorni su 7. Se sei un seller, non devi versare né caparre di affitto, né tanto meno le commesse per tenere aperto il punto vendita in maniera ininterrotta. Scontato poi dire che grazie ad Amazon, la tua attività di vendita si rivolge al mondo intero. L'aspetto in questione è di cruciale importanza, perché richiama il concetto di scalabilità: non solo vi sono enormi mercati ricettivi nei confronti di questa vantaggiosissima opportunità, ma anche una struttura logistica dietro che viene offerta dall'azienda di Seattle. Agendo così, hai tutte le carte in regola per scalare il business: con sforzi limitati e con personale ridotto (in un e-shop, a volte basti solo tu), puoi raggiungere alla fine di ogni anno un fatturato degno di nota. Per la vendita su Amazon, la scalabilità non può che essere considerata come un fattore di notevole rilevanza.

E con Amazon FBA, tu vendi con il pilota automatico, perché la catena logistica non la dirigi tu nella tua azienda, ma la esternalizzi, mettendola nelle mani di Amazon.

Ad essere precisi:

CON AMAZON FBA NON SEI TU A GESTIRE LA CATENA LOGISTICA DELLA TUA IMPRESA, PERCHE' LO FA AMAZON AL POSTO TUO

Con Amazon FBA la catena logistica delle aziende e dei negozi che fanno e-commerce viene totalmente ridefinita e messa in outsourcing. Della gestione, se ne occupa il personale Amazon in prima persona.

Queste sono, dunque, tutte le fasi su cui Amazon FBA risulta strutturato come servizio.

1. Scelta del prodotto da parte tua

2. Contratto stipulato tra te imprenditore/venditore con il fornitore

Queste prime due fasi sono a monte ed Amazon non è coinvolto in maniera diretta.

3. Spedizione delle unità di prodotto dal fornitore ai magazzini Amazon

4. Stoccaggio della merce nel centro logistico più vicino alle esigenze di te, venditore

5. Ordine da parte del cliente

6. Ricezione dell'ordine da parte di Amazon

7. Evasione dell'ordine da parte di Amazon

8. Spedizione del prodotto da parte di Amazon

9. Eventuale assistenza clienti da parte di Amazon

Su ogni singola voce testé introdotta, entreremo in seguito maggiormente nei dettagli. Al momento, basti comunque sapere che il fornitore, dopo aver realizzato su commissione i prodotti per tua volontà, procederà all'invio della merce che metterai in vendita nei magazzini di Amazon (l'indirizzo toccherà a te comunicarlo). Le spese di magazzinaggio e le tasse di spedizione toccherà a te pagarle. Nello specifico, va detto che prima di iniziare le operazioni di vendita online sul marketplace più rinomato al mondo, in qualità di vendite che aderisce al servizio Amazon FBA, sei tenuto a sottoscrivere il pagamento di tasse necessarie per permettere all'azienda statunitense di fronteggiare i costi di gestione e di spedizione degli ordini. L'ammontare dell'importo da versare è collegato a svariati fattori tra cui la categoria di prodotti messi in commercio e le dimensioni che comportano un determinato ingombro nel centro logistico di riferimento, messo a tua disposizione. Dal mese di gennaio a quello di settembre il costo mensile che Amazon ti addebita ammonta a 20 euro al metro cubo. Da ottobre a dicembre, poi, i prezzi lievitano: 28 euro al metro cubo.

E se le merci sono stoccate in Amazon per lunghi periodi? Cominciamo a dire che per lungo termine, il leader della compravendita digitale intende oltre i 6 mesi: il 15 febbraio ed il 15 agosto di ogni anno, Amazon effettua un'accurata valutazione delle merci che ha in stock. Risultato? Se dopo 6 mesi, c'è ancora merce tua nei magazzini Amazon, ti vengono addebitati 500 euro al metro cubo. Se invece il lasso di tempo in cui i tuoi prodotti sono rimasti nel magazzino di Amazon per oltre un anno, l'addebito che ti viene dato ammonta a 1.000 euro al metro cubo. Trattasi dunque di importi considerevoli, specie per i venditori al debutto.

Una volta ricevute le unità di prodotto, Amazon le cataloga: la merce viene posizionata in un inventario ready-to-ship, al fine di ottimizzare i tempi di spedizione, una volta che il cliente di turno effettuerà l'acquisto.

Al tempo stesso, grazie agli abbonamenti Amazon Prime, tutti i venditori che si affidano ad Amazon FBA, hanno la vantaggiosa possibilità di procedere all'invio dei propri articoli agli acquirenti disposti a pagare un quid in più, al fine di ricevere il prodotto a casa in tempi decisamente più rapidi rispetto a quelli tradizionali che si hanno nel caso della spedizione ordinaria con Amazon. Inoltre, i clienti Prime su Amazon sono i più redditizi. Sapevi che mediamente spendono 1.500 euro annui su Amazon?

Il bello dei centri logistici di Amazon è che in qualità di venditore, puoi dargli in carico merce nuova o articoli usati. Il marketplace del leader dell'e-commerce sarà sempre altamente efficiente: l'ordine verrà preparato quando il cliente acquisterà il prodotto, selezionandolo con un click tramite il catalogo di Amazon. Il personale dell'azienda protagonista nel campo dell'e-commerce prepara poi l'imballaggio e spedisce il prodotto, mirando a rispettare tutte le normative vigenti nei paesi dove il collo transita. Il cliente che ha proceduto all'acquisto potrà sempre e comunque monitorare il tracking del pacco e sapere dove si trova, fino a quando non giunge a destinazione. A fronte di ritardi di consegne, è Amazon che risponderà per conto tuo, perché chi ha acquistato l'articolo non interagirà con te, ma con Amazon.

Insomma, l'azienda di Seattle propone servizio completo dalla gestione all'evasione dell'ordine, dalla spedizione alla consegna a domicilio.

Quello in questione, però, non è l'unico processo che al momento, l'impresa di Seattle mette a tua disposizione. Ve ne sono infatti due differenti: FBA, su cui ci focalizzeremo in questo e-book, e FBM. Scegliere l'una o l'altra soluzioni inciderà, volente o nolente, sulle sorti del tuo business online. Su quali sono le differenze, dedicheremo un capitolo apposito.

Un'opportunità per tutti

Su scala mondiale, la crescita di Amazon può essere al momento definita semplicemente inarrestabile. La dimostrazione, infatti, è data dall'incremento continuativo della domanda che intende far parte di Amazon FBA. I numeri sono d'altronde evidenti: la crescita annua si aggira in media attorno ai 20 punti percentuali e non ci sono segnali che lascerebbero intendere flessioni. Come se non bastasse, il valore totale del leader incontrastato nel commercio elettronico, viene stimato attorno ai 200 miliardi di dollari (ndr valore relativo al 2018). Con un patrimonio di 138 miliardi di dollari (dato relativo a gennaio 2018), Jeff Bezos, fondatore del Colosso di Seattle, è considerato all'unisono come l'uomo più ricco dell'era contemporanea.

Per te, lettore di questo e-book, la cosa può rappresentare davvero una golosa opportunità. Il motivo? Quello di Amazon FBA è un modello di business innovativo che negli Stati Uniti d'America sta riscuotendo un successo inimmaginabile. Si parla di un nuovo sogno americano, visto che numerose persone che non avrebbero avuto la benché minima possibilità di gestire in maniera autonoma un'attività, oggi, grazie ad Amazon FBA possono farlo. I rischi infatti vengono ridotti ai minimi termini. Nel momento in cui si dà in via ad un'attività, il rischio maggiore sta nell'investimento iniziale che quasi sempre risulta essere sostanzioso. Per raggiungere il Break Even Point (ndr il punto di pareggio), occorrono diversi anni, perché l'imprenditore si ritrova ad affrontare tutta una serie di costi piuttosto alti. Si pensi ad esempio alla gestione del magazzino, dove è allocata la merce, e ai tempi di attesa che intercorrono tra il momento in cui il prodotto arriva nel negozio fisico e quello in cui il prodotto viene spedito, perché qualcuno lo ha acquistato. Ad Amazon FBA va dato il merito di aver risolto totalmente il suddetto problema, dando la possibilità a chiunque (ma proprio a chiunque) di potersi lanciare nel mondo del business e di fare impresa standosene seduto comodamente sul divano di casa. Esigenze come il sostanzioso investimento iniziale, che nel mondo del commercio elettronico si aggira attorno a diverse decine di migliaia di euro, i costi per l'affitto e per la gestione del magazzino e del negozio fisico e l'ottenimento della fiducia della clientela non costituiscono più un grattacapo per i neo-imprenditori.

Comodo vero? E la cosa rappresenterà di sicuro un'opportunità di una certa rilevanza nel momento in cui si consoliderà maggiormente nel mercato italiano. Al momento, come preciseremo a breve, nel

BelPaese Amazon FBA è ancora in fase iniziale. Diversi sono gli Youtuber che ne parlano con video tutorial, volti a spiegare il suo funzionamento effettivo. Ciò nonostante, il divario rispetto ad altri Paesi, come Stati Uniti d'America o Cina, dove è di sicuro più conosciuto e più utilizzato, resta forte. Per non dire abissale.

Come funziona Amazon FBA

Il modo di fare business con Amazon FBA può essere riassunto nella scelta di un prodotto, preferibilmente collocabile in un mercato non ancora saturo, e nella sua importazione dalla Cina, scegliendo un fornitore affidabile, mediante un portale a tema, come ad esempio alibaba.com. Una volta entrato in contatto te che ricopri il ruolo di imprenditore e al tempo stesso di venditore finale, il grossista si preoccuperà di seguire in maniera ligia i dettami che gli indicherai, di inviarti nell'eventualità la campionatura, nel creare una confezione ad hoc e nel darti la possibilità di inserire il logo del tuo brand. Tutto ciò, previo acconto cospicuo. Poi, a ordine portato a termine e a transazione ultimata, il fornitore si occuperà di spedire il prodotto ad Amazon che lo stoccherà nei suoi magazzini. Tu sarai pronto a venderlo, potendo contare sul supporto della piattaforma Amazon e sul suo servizio di assistenza. Gli unici costi da sostenere quando metti in commercio i tuoi prodotti saranno quelli legati alla realizzazione dell'output, quelli connessi alla spedizione e infine quelli inerenti al centro logistico di Amazon. Di spese per il personale, per costi fissi tipici di un negozio fisso, come luce, acqua, manutenzione, pulizia e via dicendo non c'è la benché minima traccia. Per ogni vendita, farai soldi. Netti. L'unica eccezione sta nei costi dei piani, come indicheremo a breve.

Scendendo più nei dettagli, come avrai avuto modo di intuire, la logica di funzionamento di Amazon FBA è estremamente semplice: l'azienda di Seattle ti fornisce il suo magazzino, dove i prodotti vengono allocati e spediti, senza che tu, in qualità di imprenditore, muova un dito. Per il posizionamento del magazzino, questo si colloca in uno dei punti logistici maggiormente strategici, in base a quelle che sono le tue reali necessità. Tutto quello che però rende unico questo business è che Amazon ti mette a disposizione laute possibilità di guadagno, visto che per vendere i tuoi articoli, potrai sfruttare l'intera rete di acquisto del Colosso dell'e-commerce. Andrai a mettere quindi in commercio i tuoi prodotti attraverso questa piattaforma online, realtà ampiamente consolidata, gestendo a distanza il tuo negozio virtuale. Le possibilità di successo sono di sicuro superiori rispetto all'aprire un'attività in modo autonomo, visto che gli internauti e gli acquirenti tendono a fidarsi molto di Amazon. Se comprano qui, avrai in percentuale maggiori probabilità di concludere le transazioni con esito positivo. Non trovi anche tu?

Mediante Amazon FBA, ogni venditore ha la vantaggiosa opportunità di fare affidamento totale su un servizio logistico unico. Quello che ha determinato il successo del principale portale di e-commerce. Tutto ciò a prescindere dal prodotto, pronto per essere messo in commercio. Di potenzialità, infatti, ce ne sono una moltitudine, specie per le imprese che vogliono espandersi: costi ridotti al minimo, vantaggi dovuti al passaggio dal tradizionale negozio fisico allo store online, tutte le coperture messe a disposizione dall'azienda di Seattle e non solo.

Il punto di forza della realtà imprenditoriale di Jeff Bezos è tutta nel fatto che, se hai un'idea creativa, innovativa, o se proponi prodotti interessanti, la remunerazione risulterà più alta, visto che della presentazione e della vendita se ne occuperà direttamente Amazon. In più, il bacino potenziale di utenti risulterà maggiore, visto che con la piattaforma di Amazon, ci si rivolge al mondo. Per te imprenditore, i vantaggi saranno molteplici, non solo in fase iniziale, come si è già scritto, ma anche in fase gestionale.

Tirando le somme, con Amazon FBA non dovrai gestire né il magazzino, né tanto meno il negozio fisico. Non perderai tempo né nella preparazione degli ordini, né tanto meno delle spedizioni. Di tutti questi incarichi, se ne occuperà direttamente il personale di Amazon. Tu avrai di conseguenza più tempo libero a tua disposizione, sicuramente meno stress e, se vorrai, potrai focalizzare tutte le tue energie in altri campi. O magari in altri business.

Amazon FBA vs Programma di Affiliazione

In estrema sintesi, con le affiliazioni di Amazon, le possibilità di guadagno risiedono nella pubblicizzazione di un prodotto che deve per forza di cose essere già sulla piattaforma. In questa operazione, è il link personalizzato che gioca un ruolo decisivo. Lo stesso dicasi per la ricerca di acquirenti di quel prodotto tramite quell'apposito link. Tutto questo meccanismo ti consente di incassare una determinata percentuale, ogni volta che il prodotto viene acquistato. Nelle affiliazioni Amazon, non devi essere obbligatoriamente il venditore di quel determinato prodotto. Puoi magari essere un copywriter che ha un suo blog a carattere informatico e sponsorizzare tramite affiliazioni Amazon quei prodotti, quali notebook, pc, smartphone e tablet venduti da un sito di e-commerce. Per ogni dispositivo venduto dal negozio online, ti viene riconosciuta appunto una percentuale.

Amazon FBA è un modo di fare business totalmente differente. Conditio sine qua non è che tu sia il proprietario di quello specifico prodotto. Tu lo metti in commercio tramite Amazon. Magari sono altri che possono chiederti un'affiliazione. Come abbiamo già scritto, costoro guadagneranno nell'eventualità una percentuale grazie al link personalizzato. Tu usufruisci del magazzino di Amazon, di un bacino di utenti che potenzialmente è il mondo grazie appunto alla notorietà spropositata che il leader della compravendita digitale ha oramai da anni raggiunto. Resta il fatto che ad oggi il successo di Amazon FBA è superiore in determinate nazioni: Stati Uniti d'America e Cina su tutte. In Italia, purtroppo, non ancora, per il semplice fatto che ci sono diverse barriere non ancora aggirate: in primis, quella dei costi dell'investimento iniziale, al momento superiori rispetto a quel modello di business basato sulle affiliazioni. Tuttavia, vi sono interessantissime opportunità di guadagno e lauti margini di incassi e di volumi d'affare che Amazon FBA può garantirti. Risultato? Se sai fare impresa, partendo anche da zero, un'idea creativa può cambiarti radicalmente la vita.

Inoltre, con tutta una serie di accorgimenti che presenteremo a breve nei prossimi paragrafi, Amazon FBA ti consente non solo di minimizzare i costi dell'investimento di partenza, anche di incrementare (e anche drasticamente) le percentuali di guadagno in un lasso di tempo pari appena 60 giorni.

Amazon FBA vs Amazon FBM

All'interno della premessa, si era fatto riferimento ad Amazon FBA e ad Amazon FBM. Si era sottolineato come scegliere una soluzione o l'altra potesse avere ripercussioni differenti sul tuo business online. Come mai? Quali sono le differenze che intercorrono tra questi due modelli?

Nel dettaglio:

Amazon FBA, vale a dire Fulfillment by Amazon, ossia gestito da Amazon, può essere definito come un servizio messo a disposizione dei venditori, per supportarli nella parte a magazzino, nella gestione dell'inventario, nelle spedizioni e, infine, nel customer service. E' il personale di Amazon FBA che gestisce le suddette operazioni per conto tuo.

Amazon FBM, vale a dire Fulfillment by Merchant, vale a dire gestito dai venditori, è un modello di business considerabile come diametralmente opposto. Hai sostanzialmente massima libertà nel preparare l'ordine, nel gestire al meglio l'inventario, nell'organizzare il magazzinaggio, nel preparare l'impacchettamento della merce, nel provvedere alla spedizione e nell'assicurare un servizio di assistenza ai clienti. Di tutte queste fasi, te ne occuperai tu in prima persona, in quanto venditore. Il responsabile dei processi, nonché l'investitore delle risorse, sarai solo tu. Opererai indipendentemente da Amazon. A cosa ti servirà il marketplace del Colosso del commercio elettronico? Semplicemente a esporre i tuoi articoli. In sostanza, fungerà da spazio vetrina, raggiungibile tramite query dai numerosi potenziali acquirenti che nutriranno interesse per la categoria di prodotto nella quale agisci come venditore.

In qualità di cliente, come è possibile riconoscere se il venditore Amazon propone un servizio Fulfillment by Amazon (FBA) o Fulfillment by Merchant (FBM)? Nulla di più semplice. Tutti quegli articoli, dove leggi la dicitura venduto da xxx (il nome del sito di e-commerce, del venditore o del suo brand) e spedito da Amazon rientrano nel modello di business Fulfillment by Amazon (FBA).

Scegliere FBA o FBM?

Dipende. Non c'è una risposta stabilità. Dipende da quali sono i tuoi reali obiettivi di vendita, se sei un venditore esperto nel campo dell'online, se ti fidi della struttura Amazon. A scegliere sei sempre tu!

La Guida Pratica
La Registrazione

La registrazione ad Amazon FBA avviene accedendo a questo link: https://services.amazon.com/selling/faq.html. Dopodiché, devi sottoscrivere uno dei due piani che ti vengono proposti tra quello individuale e quello professionale.

- Piano Individuale Amazon FBA

Questo piano è la soluzione che fa al caso tuo, se sei novizio e se questo business è per te un piacevole passatempo. Non c'è alcuna sottoscrizione mensile da pagare, ma per ogni vendita conclusa, dovrai versare 0,99 dollari nelle casse di Amazon. La mission di fondo del piano individuale di Amazon FBA è quello di consentirti di avere dimestichezza con il sistema e di inserire articoli.

- Piano Professionale Amazon FBA

Questo piano rappresenta il modello di business ideale, nel momento in cui aumentano le tue vendite e, di conseguenza, il volume d'affari. La sottoscrizione mensile ammonta a 39,99 dollari, ma il vantaggio è che non ci sono importi ulteriori da versare nelle casse di Amazon, ad ogni transazione portata a termine. Sono sufficienti di fatto 40 articoli venduti, per ripagarti l'account professionale. Ma i vantaggi dell'account professionale non si esauriscono qui, dato che puoi ottenere benefici in termini di guadagno dei piazzamenti nelle pagine di vendita targate Amazon. Raggiungere la vetta ti consentirebbe, di fatto, di poter contare su un livello di visibilità altissimo. Cosa non da poco in un'era competitiva, come quella attuale in termini economici.

Cosa vendere?

Di modalità per fare soldi sfruttando il business di Amazon FBA ce ne sono davvero una moltitudine. Tuttavia, quello più ricorrente consiste nell'etichettatura privata. Su cosa verte la suddetta idea? Semplicemente, il venditore di turno si crea un marchio, applicando l'etichetta al suo prodotto e mettendolo in seguito in vendita sulla piattaforma di Amazon.

Un esempio di successo è rappresentato da una start-up che ha acquistato dalla Cina palline gonfiabili e colorate per piscina. Il costo d'acquisto comprensivo dell'esportazione dalla Cina al centro logistico Amazon più vicino ammontava ad 1,50 euro per ogni singola pallina. Il prezzo di vendita stabilito ammontava a 7 euro cadauna. I profitti corrispondevano a 5,50 euro a pallina gonfiabile. Risultato? In estate sono state un successo, al punto che numerosi fortunati possessori di piscine ne acquistavano a decine. Nel giro di appena 3 mesi, questa start-up ha incassato come profitti la bellezza di 47.000 euro. Ecco il valore aggiunto che Amazon FBA riesce a garantire. Gli stessi risultati sarebbero stati possibili, se questi ragazzi avessero aperto un negozietto di vendita in maniera autonoma? Con tutta probabilità, nemmeno minimamente!

Dove risiede il vantaggio dell'etichettatura privata con Amazon FBA? Nella possibilità di guadagno del prezzo pieno che ti viene garantita da ogni singola transazione ultimata. Per ottenere, però, successo in questo business, diventa necessario un lavoro a monte tutt'altro che indifferente. In primis, c'è bisogno che qualcuno realizzi il prodotto per conto tuo; in secundis, diventa essenziale acquistare un elevato volume di prodotto, per contenere i costi di spedizione e di allocazione nel magazzino di

Amazon. Morale della favola, al giorno d'oggi non c'è dubbio alcuno sul fatto che la Cina risulti essere l'opzione più vantaggiosa. Che si tratti di dispositivi tecnologici, quali smartphone, tablet, notebook, pc, o di abbigliamento, la lavorazione made in China è vantaggiosa per il semplice motivo che i costi della manodopera sono bassissimi. Specie se rapportati ai nostri e a quelli dei Paesi dell'Unione Europea. Ordinando n lotto di prodotti, etichettandolo poi con il proprio marchio ti permette di fare impresa, contenendo i costi e riducendo i rischi. L'importante, però, è che il prodotto che metti in commercio tramite Amazon FBA riscuota un forte interesse tra gli acquirenti. Solo in questo caso, riuscirai ad ottenere il successo desiderato.

Prima di trattare l'argomento del fornitore cinese, dato che la cosa non è per tutti per via delle barriere linguistiche e che vi sono spesso problemi attinenti alle normative di sicurezza e al controllo qualità del prodotto, non bisogna dimenticarsi che i fornitori non mancano di certo anche dalle nostre parti. Sapevi ad esempio che solo 1 azienda su 10 in Italia vende online? La percentuale è ridotta, perché la colonna portante del nostro sistema industriale verte tutta attorno alle piccole e medie imprese. Molte poi hanno appena un dipendente. C'è un potenziale notevole di imprese che nel BelPaese non fa e-commerce. Puoi, perciò, persino sfruttare l'opportunità di trovare fornitori, spesso anche sotto casa, che parlano addirittura il tuo dialetto. Se questi non fossero online, chiedergli se è possibile vendere online il loro prodotto, non è di certo cosa errata. Nulla ti vieta di provarci. Non è un'opportunità di business quella in questione? Vi sono le fiere di settore e le associazioni di categoria che possono darti il la verso il business della rivendita online. Il vantaggio dei fornitori italiani poi è che rispettano in maniera ligia la normativa europea. Son prodotti sicuri. Ciò significa che non devi minimamente preoccuparti su questioni normative che, se si guarda ad Est, possono darti grattacapi.

Come però già detto, ci si rivolge spesso alla Cina per questioni di prezzo.

Il prodotto perfetto per iniziare

La scelta del prodotto da mettere in commercio su Amazon FBA è un tassello di fondamentale importanza per avere successo. Se sei alle prime armi e stai leggendo in questo momento questo e-book, se Amazon FBA ti ispira, dovresti porti il seguente quesito: Cos'è che adesso vendo tramite Amazon FBA? La risposta non può esser immediata, specie se sei novizio nel campo del commercio elettronico, a meno che tu non abbia un'approfondita conoscenza in un determinato campo. La scelta del prodotto è frutto di un lavoro di programmazione certosina.

Se credi di poter mettere in commercio solo quello che particolarmente ti aggrada, commetteresti un errore decisamente grossolano. Hai idea, infatti, ti quanti prodotti allo stato attuale delle cose riscuotono un notevole successo in termini di vendita e che magari non si incontrano minimamente con i tuoi gusti personali? Fare impresa e, di conseguenza, incassare profitti non sempre è qualcosa che si intreccia con ciò che piace. Dimentica, pertanto, le tue emozioni, nel momento in cui ti avventuri nei tortuosi sentieri del business.

Il lavoro di pianificazione certosina, a cui poco prima abbiamo fatto riferimento, consiste in una dettagliata analisi dei prodotti che ad oggi riscuotono maggiore successo. Quali sono quindi i prodotti che maggiormente tirano sul mercato? E' questo uno degli interrogativi a cui devi dare risposta, nel momento in cui vuoi fare l'imprenditore. Specie se online.

Come devi regolarti?

Non esiste il prodotto perfetto. Anche perché l'articolo che puoi pagare poco, che è ciclico, che è di buona qualità, che è leggero, che non è ingombrante e non occupa spazio a magazzini, che non è fragile e non corri il rischio di trovartelo rotto quando viene consegnato, che ti assicura alta marginalità, se esistesse, verrebbe subito replicato. La concorrenza aumenterebbe e con ogni probabilità, qualora lo trovassi, il tuo successo durerebbe pochissimo. Ciò che intendo dirti è che perdere mesi alla sua ricerca è solo spreco di tempo. Devi tra virgolette buttarti, stabilendo una deadline. Vi sono poi numerosi software online che, affidandosi ad un algoritmo matematico, sono in grado di indicarti il prodotto che va per la maggiore, in base alla categoria. Il più conosciuto nel settore è di certo JungleScout che, tra le altre cose, ti indica anche il fatturato previsto per ogni unità, il totale delle recensioni presenti in Rete, il livello di ricercatezza dell'output e la competizione nel mercato.

Entro tot di tempo, diciamo due settimane, devi trovare il prodotto. Inizia i lavori, effettua un'accurata analisi di mercato, magari avvalendoti anche di consulenti specializzati in un determinato settore. Metti giù una decina di idee, trova pro e contro, valuta i prodotti di punta e considera i fattori che ne hanno determinato e che ne determinano il boom delle vendite, se il successo è destinato a durare o se è solo una fase passeggera, se ci sono le possibilità di modificare il prodotto, andandolo a migliorare, magari introducendo qualche feature aggiuntiva al mero scopo di differenziarti dall'agguerrita concorrenza. Fa poi una scrematura, scegli il prodotto, ricavati una nicchia e buttati. Imparerai gradualmente.

Ciò che mi sento di dirti è che l'unicità, se risulta davvero in grado di apportare benefici nell'uso quotidiano del prodotto, è una caratteristiche che premia, divenendo valore aggiunto. Hai idea di quante rivisitazioni si sono rivelate di successo? Le innovazioni incrementali, così come vengono definite, hanno dato il la a tutta una serie di prodotti: si pensi al cordless, visto che se si taglia il cavo posizionato tra la base e l'apparato di ricetrasmissione, la mobilità limitata al contesto domestico risulta un importante passo in avanti. Tuttavia, il cavo telefonico che ha la funzione di trasmettere la voce è sempre la tecnologia di base che non subisce cambiamenti. Lo stesso dicasi per le cover degli smartphone. All'inizio il loro scopo primario verteva sulla protezione parziale del dispositivo dagli urti. Poi sono state messe sul mercato, cover in pelle, cover impermeabili, smart cover. Il prodotto, che già esisteva, è di per sé andato incontro ad un'inevitabile evoluzione.

Altro interrogativo che devi sempre porti riguarda poi il periodo di vendita in cui il prodotto registra l'apice? Nel caso delle palline gonfiabili colorate per piscina, è chiaramente l'estate il periodo massimo nell'ottica delle vendite. Infine, cerca di considerare come target di riferimento una specifica nicchia. Poter contare su un nutrito gruppo di seguaci può oggigiorno determinare il successo sul mercato. L'importante è sapersi ricavare questa determinata nicchia. Il motivo di questa scelta va ricercato nel fatto che quando si fa commercio elettronico, competere con colossi più affermati, specie su prodotti in un mercato consolidato, risulta impresa impossibile. O quasi.

Pertanto, ecco alcune regole auree da considerare quando scegli il prodotto che desideri commercializzare mediante Amazon FBA.

- Oggetti per utilizzo quotidiano

Da qualche tempo a questa parte, magari, ti sei ritrovato ad avere a che fare con un problema e l'oggetto che utilizzi in questo momento, non è in grado di risolverlo completamente? I cinesi dicono che a fronte di ogni situazione critica, l'altra faccia della medaglia è rappresentata da una vantaggiosa opportunità. Puoi ad esempio contattare un fornitore cinese che produce prodotti simili, chiedere dei miglioramenti e scoprire magicamente che questi possono fare proprio al caso tuo, risolvendo in toto il problema. Un esempio di questo scenario è accaduto a Spencer, imprenditore americano che vendeva tramite Amazon FBA un prodotto che utilizzava quotidianamente per tenere alla larga un forte prurito. Il primo prodotto, però, risolveva solo parzialmente la situazione. Pensando che numerosi fossero coloro che si trovavano nella sua stessa situazione,

Spencer decise di mettersi in contatto con un fornitore presente su alibaba.com. Lo scopo primario consisteva per l'appunto nel migliorare il prodotto. I miglioramenti messi appunto dal fornitore cinese furono fondamentali, tanto è vero che il suo problema venne risolto. Risultato finale fu che in un solo mese Spencer fu in grado di piazzare tramite Amazon FBA ordini per la modica cifra di 4.000 dollari. Non male per un imprenditore Amazon alle prime armi, vero?

Per concludere, se quotidianamente ti imbatti in un problema, per cui l'articolo che utilizzi non è in grado di risolverlo del tutto, mettiti nelle mani degli esperti. Il risultato può essere pazzesco, in termini di vendite. Il numero di tutti coloro che vorranno avere ulteriori dettagli sul prodotto e che, di fatto, poi lo acquisteranno, tenderà ad aumentare per forza di cose. A volte, anche in modo vertiginoso.

- Scontrarti con una miriade di competitor non ha senso

Prima di cimentarti nelle vendite online e, a maggior ragione nella commercializzazione tramite Amazon FBA, effettua una stima del numero di venditori per quello specifico articolo, per il quale nutri un interesse più o meno forte. Se la concorrenza è troppa e quindi di venditore ce ne sono davvero una sfilza, è scelta saggia lasciare perdere. Questo non perché tu imprenditore non abbia possibilità di avere successo. Il problema è un altro: quello specifico mercato potrebbe apparire come saturo o addirittura sovra-saturo, con la conseguenza che tu debba vedere ridotte al lumicino le speranze di fare margine. Occhio, però! Un giudizio approssimativo potrebbe farti dedurre in maniera inaccurata che per ogni prodotto presente su Amazon, ci sono già milioni di venditori. Non è affatto così. Di opportunità per presentare prodotti con una domanda elevata, ma con una concorrenza tutt'altro che eccessiva, se ne trovano svariati. L'importante è che tu sappia capire quali sono. Leggi in materia di business, esplora le sottocategorie, trovati una nicchia, valuta cosa cercano le persone. Le percentuali di successo aumentano. Poco ma sicuro!

· Il costo ed il prezzo dell'articolo non deve essere alto

Per chi è alle prime armi nel ramo dell'e-commerce, è preferibile optare per articoli, contenuti in termini di costo in fase di acquisto e di prezzo di vendita. Il motivo di questa strategia risiederà nel fatto che, da un lato, farli produrre in Cina sarà decisamente low cost, mentre dall'altro, le possibilità di acquisto, se il prezzo è basso, aumentano. Tutto questo discorso è ancora più valevole per tutta quella categoria di articoli che si acquistano d'istinto, dove la componente emozionale ed emotiva risulta ampiamente superiore a quella di natura informativa e razionale, pari a zero o giù di lì. In definitiva, a fronte di un eccellente posizionamento e di un basso prezzo di vendita, il numero di acquisti della clientela ha tutte le carte in regola per essere maggiore. Chiaramente, a fronte di un successo sul mercato, o di maggiore competenza in uno specifico settore, niente di proibisce di provarci in uno scenario, dove i prodotti hanno un prezzo medio-alto.

- Mai competere con i giganti, specie se sei un nano. Rischi di farti male!

La teoria del piccolo è bello ha successo solo una tantum. Se pensi di mettere sul mercato scarpe da ginnastica, a meno che non presentino caratteristiche assolutamente innovative, lascia perdere. Con giganti del calibro di Nike, Adidas e via dicendo ne usciresti con le ossa rotte.

· Optare su quei prodotti, dove il numero di recensioni non è particolarmente elevato

Come su qualsiasi portale di vendita online, anche su Amazon le recensioni ricoprono un ruolo cruciale, dato che costituiscono un fattore di ranking di una certa rilevanza, anche se ad onor del vero, non certamente l'unico. I migliori risultati della prima pagina di Amazon riguardano articoli che hanno ricevuto un elevato numero di recensioni, prevalentemente positive. Mission di fondo del operatore leader nel campo della compravendita digitale è quello di agevolare l'incontro tra domanda e offerta e, come puoi immaginare, un elevato numero di commenti lusinghieri aiutano a spingere le vendite, trasformando quelli che sarebbero o internauti o ancora acquirenti potenziali, in clienti effettivi. Nel ruolo di venditore mediante Amazon FBA, avrai lo scopo di ottenere quante più recensioni buone nelle situazioni in cui porti a termine una transazione. Lo scoglio da aggirare, però, è rappresentato dal fatto che accumulare giudizi incoraggianti è tutt'altro che semplice. Motivo per cui, scontrarti con i leader di mercato, che hanno già molti feedback positivi, non ha poi così tanto senso. Come agire? In questa casistica, l'ideale è ricercare i prodotti sulla base di specifiche keywords, facendo comodamente affidamento sulla barra di ricerca di Amazon e monitorare tutti quei prodotti che, pur avendo un numero di recensioni ridotto all'osso, se non addirittura nessuna, si piazzano comunque in prima pagina. Agendo in questa maniera, potrai posizionarti per quelle specifiche keyword nella prima pagina e, di fatto, ottenere un numero di recensioni destinato a salire. Tieni bene a mente che ad il numero di recensioni positive, nel momento in cui cresce, inficia in maniera diretta anche sull'andamento delle vendite.

· Leggere attentamente le recensioni di prodotto, siano esse positive o negative

Le recensioni dei prodotti simili, e quindi concorrenti, rispetto a quello che intendi mettere in commercio rappresentano un patrimonio unico che non devi lasciarti sfuggire. Leggi tutti i commenti con attenzione, sia i positivi che i negativi. Sai quante critiche si leggono nei commenti? Sapere come risolvere un problema indicato, non potrebbe essere giudicato che positivamente dalla clientela. Dalle informazioni indicate, potrai creare ex novo il prodotto che metterai in commercio o apportare innovazioni incrementali o radicali. Questa mossa potrebbe farti guadagnare davvero una barca di soldi in un lasso di tempo ridotto.

- Dimensioni contenute

Quando ti lanci nelle vendite mediante Amazon FBA, se all'inizio il prezzo del prodotto deve essere assai contenuto, occorre dire anche che il suddetto discorso è valevole anche per le dimensioni. Gli esperti invitano in genere i venditori ad optare per quei prodotti piccoli che entrano comodamente in una scatola di scarpe. Il motivo? Oggigiorno, le case sono sempre più piccole e nei monolocali, nei bilocali e nei trilocali, gli spazi vanno sempre e comunque ottimizzati. Ma non è tutto. Il problema di fondo sta anche nel fatto che i costi di spedizione, nel caso di articoli ingombranti, ne risentono. Idem per le spese relative al punto logistico di Amazon FBA. Sii furbo. Contieni i costi, optando per articoli piccoli.

- Monitoraggio dei best sellers

Controllare quali sono su Amazon gli articoli più venduti al momento è sempre utile, perché ti consente di sapere cosa vuole il mercato. Il monitoraggio della categoria best sellers, lo devi fare tutti i giorni, se sei intenzionato a cimentarti nella sfida del commercio elettronico. Esplora sempre categorie e sotto categorie, valuta quelli con meno recensioni e pochi concorrenti, se puoi effettua miglioramenti o correttivi e buona fortuna!

È la ricerca del prodotto ideale da mettere in commercio attraverso Amazon FBA la fase più complessa in assoluto. Specie per i neo-venditori.

Come trovare un fornitore in Cina

A prescindere dal prodotto che intendi piazzare sul mercato mediante la piattaforma di Amazon, una cosa va detta a priori: la scelta del fornitore cinese giusto risulta sempre difficile. Quello ideale, indipendentemente dal business in cui miri ad ottenere successo, deve presentare prezzi bassi quando acquisti il prodotto, tariffe convenienti se aumenti il quantitativo di prodotti richiesti (prendere 100 unità avrà sicuramente un prezzo più alto rispetto a prenderne 1.000). Vanno poi considerati i prezzi di spedizione verso il centro logistico più vicino di Amazon. Inoltre, il livello qualitativo del prodotto realizzato in Cina deve essere di pregevole fattura, discostandosi il meno possibile dagli standard europei. Si noti bene: non tutti i prodotti made in China sono di scarsa qualità. Importantissimo poi è che il servizio offerto sia puntuale e che l'assistenza in inglese sia sempre disponibile. Avere informazioni su quando l'output finale è pronto, sulla data di spedizione e nell'eventualità procedere all'invio di campioni, per farti visionare il prodotto, è un aspetto di cui devi tenere seriamente conto, nel momento in cui scegli il fornitore cinese.

I canali migliori per trovare fornitori di prodotto in Cina sono senza ombra di dubbio alibaba.com, globalsources.com e aliexpress.com. Nello specifico, se alibaba.com si conferma il non plus ultra per il mercato cinese, globalsources.com ti propone il meglio anche da altre parti del mondo. Certo, la Cina è sempre percepita come la miniera d'oro per chi vuole fare a fari. Lì puoi trovare tutta una serie di prodotti che la Matrice BCG, creata dal Boston Consulting Group nel pieno degli anni Settanta, definirebbe con l'epiteto di cash cow, alias vacche da mungere, in quanto le possibilità di portare a termine nel breve periodo transazioni assai lucrative non mancano di certo. Tuttavia, ad onor del vero, vi sono infinite chance di trovare prodotti a prezzi vantaggiosissimi che puoi rivendere meglio, non solo in Cina, ma anche altrove.

Dopo aver selezionato i fornitori più in linea al tuo business, è bene valutare il migliore, facendoti mandare un campione di prodotto. Obiettivo? Solo toccando la qualità con mano, puoi stabilire se veramente il gioco vale la candela.

Greg Mercer, CEO di Jungle Creations, nonché tra i più blasonati venditori su Amazon, nel momento in cui contatta i fornitori di prodotto in Cina, cerca di essere il più esaustivo possibile. In un'email scrive ciò che gli occorre, qual è l'obiettivo nel lungo periodo e quali sono i benefici per il fornitore. In questo modo, non perde tempo a scrivere e-mail su e-mail.

Ad esempio, nel momento in cui la sua società è interessata a mettere sul mercato asciugamani per bambini, dotati di cappuccio, Greg Mercer seleziona i fornitori cinesi più affidabili, li contatta via e-mail, si presenta come CEO di Jungle Creations e sottolinea come la sua realtà imprenditoriali sia seriamente interessata all'acquisto di un numero di unità comprese tra le 20.000 e le 30.000 ogni anno. Tutto ciò, a seguito di feedback positivo, dalla ricezione di 500 unità di campione. L'intento, come detto, è quello di valutare la qualità.

Dopodiché, il giovane, ma già affermato imprenditore statunitense, sottolinea quali sono gli standard di prodotto richiesti. Nel caso degli asciugamani per bambini, dotati di cappuccio, sottolinea come i requisiti sono i due formati accettati, 34 x 34 centimetri e 92 x 92 centimetri, il bambù organico come materia prima di base, l'ottimo livello qualitativo evincibile dall'elevato numero di fili, dall'assenza di fili allentati e dalla morbidezza, e infine la colorazione bianca (assenza di coloranti).

Il fornitore cinese interessato ad avviare una partnership con Jungle Creations, deve rispondere all'e-mail, compilando un apposito form, dove specificherà se è un produttore o una società commerciale, quali sono le caratteristiche dei suoi prodotti (con tanto di foto), il prezzo per unità, le tempistiche di consegna dei campioni per l'ordine di prova, a quanto ammontano i costi di spedizione negli Stati Uniti d'America e infine se è possibile inserire il logo della sua realtà imprenditoriale.

Ecco spiegati i motivi del suo successo. Se d'altronde, tramite la piattaforma di

Amazon ha generato affari per milioni di dollari, beh ... ci sarà più di un motivo.

Tre suggerimenti utili prima di contattare il fornitore giusto

Detto che la Cina è quindi una miniera d'oro da sfruttare, prima di prendere contatto con un fornitore cinese per intraprendere il tuo business su Amazon FBA, è opportuno considerare questi tre pratici consigli:

1. Da quanto tempo questo fornitore fa il suo lavoro? I tre portali precedentemente segnalati, ti consentono di venire a conoscenza dell'effettiva esperienza lavorativa del fornitore. Controlla perciò quand'è che si è registrato su alibaba.com, globalsources.com e aliexpress.com. Poi sta a te decidere. L'informazione è semplicissima da reperire, visto che la trovi sui dati generali di ogni fornitore. Chiunque si sentirebbe maggiormente a suo agio,

avviando la collaborazione con un fornitore che svolge questo lavoro da svariati anni piuttosto con un parvenu nel campo del commercio elettronico. Non sei d'accordo anche tu?

2. Qual è la nicchia di mercato in cui questo fornitore risulta attivo? Se ti accorgi che il fornitore ha soltanto uno specifico core business, vale a dire vende una sola categoria di prodotti, che siano giocattoli, orologi, calzini, racchette da tennis, i prezzi saranno probabilmente più bassi rispetto a quelli proposti dai venditori specializzati nella vendita di articoli di vario genere. Il motivo? Nel caso di chi vende prodotti eterogenei, ci si rivolge ad un intermediario. Quindi la catena che unisce te imprenditore – acquirente al fornitore – venditore prevederebbe un anello in più: quello dell'intermediario. Ciò vorrebbe dire prezzi più alti da dover affrontare.

3. Country Test: il fornitore che hai in mente di selezionare è disponibile ad esportare i suoi prodotti in Italia? Non dare per contato che l'esportazione in Europa e Nord-America sia per forza di cose sinonimica di maggiore qualità. Il livello qualitativo di prodotto va sempre testato con mano. Per questo motivo, la campionatura è di cruciale importanza. Se i fornitori esportano prodotti soltanto nelle nazioni in via di sviluppo, ci si aspetta infatti che il livello qualitativo offerto non sia propriamente il massimo. La presenza su alibaba.com non indica in alcun modo che il fornitore non ti dia poi fregature.

Tirando le somme, se il fornitore cinese non ha almeno tre anni di esperienza sul campo, presenta prezzi o troppo bassi o troppo alti, non risponde alla tua e-mail iniziale, non è chiaro quando sei intenzionato ad ottenere maggiori informazioni, è sufficiente per scegliere una più valida alternativa.

Come pagare il fornitore in sicurezza

Passiamo in rassegna i metodi di pagamento ai fornitori. Pensare di spuntarla, presentando un'offerta eccessivamente al ribasso è un trucchetto che non funzionerà. Prima di proporre un prezzo, è bene intavolare una trattativa seria, cercare di dar luogo ad una buona partnership ed infine proporre un prezzo adeguato. Con questa strategia, hai tutto da guadagnarci.

Una volta pattuito il prezzo che accontenta te, imprenditore, e la controparte, massima attenzione ai metodi di pagamento. Ogni fornitore, nel momento in cui decide di collaborare con un imprenditore, richiede un anticipo per dare il via alla produzione. In linea di massima, il giusto importo da versare è nel pagamento del 30% di anticipo e nel restante 70% a operazioni ultimate. Optare per un pagamento 50% a spedizione in corso è un po' rischioso. Come sistema di pagamento, per i primi ordini, PayPal si rivela il non plus ultra. Invece, a fronte della crescita delle unità di prodotto richieste, questo sistema di pagamento, non si rivela il massimo in termini di convenienza. Il motivo? Le commissioni risultano piuttosto alto. Motivo per cui, in questa seconda casistica, il bonifico bancario può essere considerato senza ombra di dubbio il miglior metodo possibile in assoluto. Attenzione, però, ad un dettaglio importante: il nome sul conto bancario deve essere esattamente lo stesso di quello della società che ti fornisce il prodotto. In caso contrario, correresti seri ed inutili rischi. Per la serie, uomo avvisato mezzo salvato.

La richiesta della garanzia commerciale in transazioni con la Cina è sempre necessaria. Richiederla, ti consente di dormire sonni tranquilli nel momento in cui dovessero sorgere problemi per la spedizione dall'Estremo Oriente.

Sotto questo punto di vista, un metodo di pagamento come Western Union non può essere considerato il top dell'efficienza, visto che qualora si manifestassero problemi nella fase di spedizione, la copertura non ti verrebbe affatto garantita.

Packaging del prodotto

La personalizzazione dell'imballaggio, oggigiorno, gioca un ruolo da effettiva protagonista. Sempre più spesso si sente dire che il packaging sia il prodotto. Non che si limita a farne parte. Poter avere una confezione unica è sinonimo di distinzione dalla concorrenza. Aspetto di sicuro positivo, perché permette di identificare i punti di forza del tuo marchio agli occhi dell'end-user. Ritornando a monte del discorso: i fornitori cinesi sono in grado di assicurare questo servizio di personalizzazione del packaging? La risposta è prevalentemente affermativa. Conditio sine qua non è essere disposti a versare un importo leggermente maggiore (ndr in genere qualche dollaro in più) nelle loro casse. Tieni chiaramente conto del fatto che se richiederai il suddetto servizio, i tempi di consegna dell'output finale finiranno inevitabilmente per allungarsi.

Onde evitare che la pianificazione venga meno, è bene partire subito con le idee chiare: sin dall'e-mail iniziale, è preferibile richiedere se il servizio di personalizzazione dell'imballaggio viene erogato e quanto tempo in più ci vuole per realizzarlo rispetto ad una confezione standard. Per avere successo in un mercato dove la concorrenza è sempre in agguato, ti conviene lavorare a stretto contatto con i web designer. Anche se sei un venditore novizio, non avere paura di investire su un logo o su una confezione. Se il lavoro finale verrà eseguito a regola d'arte, ti ritroverai un livello di notorietà superiore alle aspettative, oltre che un incremento delle vendite, perché sarai percepito in maniera più immediata. Specie se ti approcci ad una nicchia.

Pertanto, a progetto ultimato, procedi con l'invio del file finale al fornitore cinese. Dopo la visione, se costui ti chiederà un ordine piuttosto massiccio (occhio sempre a non esagerare), accetta pure. Risparmierai in termini economici, perché te la sarai giocata sui grandi volumi e, mal che vada, ti ritroverai tra le mani (ooops nel centro logistico Amazon più vicino) tutta una serie di scatole, di cui potrai servirti per gli ordini in futuro. Non spenderai soldi, per comprare nuovamente le confezioni del tuo prodotto.

Il tuo negozio Amazon

Una volta portata a termine la registrazione su Amazon FBA, potrai disporre di un account personale sulla base della tipologia di piano decisa tra individuale e professionale. Sulla base del prodotto che è di tuo interesse vendere, seleziona la categoria di riferimento, indicando sia il tuo nome di venditore che il tuo brand. Questi ultimi possono anche coincidere. A te la scelta!

Ciò che conta è che nel giro di poche settimane sarai pronto per vendere attraverso Amazon FBA.

Un'immagine vale più di mille parole

La componente fotografica non può e non deve assolutamente passare in secondo piano, specie quando vendi un prodotto online: gli internauti tendono ad acquistare quei prodotti, le cui foto sono caratterizzate da un forte impatto visivo. Ottimi scatti fotografici cattureranno la loro intenzione. Quella massima Don't judge a book by its cover nel mondo dell'e-commerce viene meno. Piaccia o no, nella società delle immagini, le fotografie hanno un peso tutt'altro che indifferente e incidono in maniera palese sull'andamento delle vendite. Avvalersi di un fotografo per realizzare scatti a regola d'arte finirà per dare una marcia in più al tuo business.

Optare per uno sfondo bianco, per l'assenza di testo o di loghi aggiuntivi è fondamentale. E questo i fotografi lo sanno benissimo. Il motivo? Negli scatti, c'è spazio per un unico ed indiscusso protagonista: il tuo prodotto.

Quante immagini conviene caricare? Nella vendita online, partire con 4 o 5 scatti, effettuati da diverse angolazioni, basta e avanza. Se il prodotto, però, presenta tutta una serie di dettagli tecnici, il numero di immagini da caricare può salire sino a 9.

La descrizione del prodotto

Le parole sono importanti. Sempre e comunque. Un titolo ad effetto, una descrizione, esaustiva per contenuto, e chiara nel lessico, recepita sia dai professionisti del settore che dalla tanto bistrattata casalinga di Voghera, ti consentirà di avere maggiori probabilità di successo, perché sarai stato in grado di prevenire eventuali quesiti e di risolvere eventuali dubbi. Il problema per i prodotti dal basso valore economico, come ad esempio le palline gonfiabili colorate per piscina, non si pone. Diverso è il discorso per le cover per lo smartphone.

Spedisci i prodotti

Inizia collegandoti alla pagina web di Amazon Central Selling, il servizio che ti consente di raggiungere nella maniera più veloce possibile centinaia di milioni di acquirenti su Amazon: https://sellercentral.amazon.it/

Qui, a seguito della registrazione, avrai la possibilità di procedere all'impostazione di una nuova spedizione. L'intento sarà quello di fare da anello di congiunzione tra il tuo fornitore ed Amazon. Richiedi pertanto al fornitore il suo indirizzo e comunicalo ad Amazon. Successivamente, informati sul numero di pacchi che verranno inviati e informa tempestivamente Amazon. Infine, indica al fornitore l'indirizzo del centro logistico Amazon da te scelto. Sarà proprio qui che l'ordine verrà smistato. Prima di procedere alla spedizione, l'azienda di Seattle richiede come conferma se sei aggiornato sui costi di archiviazione da sostenere: la motivazione del quesito risiede nel fatto che le informazioni arrivata ad Amazon, vuoi da parte tua o da parte del fornitore, potrebbero essere imprecise. Con questa conferma, il leader nel commercio elettronico intende tutelarsi nel caso in cui arrivasse un quantitativo di prodotti differente da quanto indicato inizialmente.

Onde evitare disdicevoli misunderstanding, la cosa migliore da farsi è controllare tutti i metodi di spedizione targati Amazon e selezionare quello più vicino alle tue effettive esigenze. Per la serie, è più facile a farsi che a dirsi.

Ci siamo: ecco la vendita

Ora che è tutto definito, sei pronto per vendere mediante Amazon FBA. Quanto capitale ti serve quindi per cominciare a vendere tramite Amazon? Dipende. Vuoi costruire seriamente un tuo business? Oppure consideri la vendita online un passatempo, una sorta di secondo lavoro per aumentare a fine mese i tuoi introiti? Mettendo l'accento sulla prima cosa, tieni conto che ti servono dei costi per aprire la partita IVA, dei costi per aprire l'account su Amazon, a meno che tu non voglia quello base che ha delle notevoli limitazioni, e dei costi per l'acquisto dei prodotti.

La partita IVA è fondamentale per l'apertura di un business, La soluzione ideale è quella a regime forfettario. Aprirla costa 150 euro. Anche la sua tenuta ha un prezzo: costi fissi e contributi INPS si aggirano attorno ai 3.600 euro. Se poi vuoi aprire qualcosa di più grande, ma ti conviene sempre valutare i risultati in corso, l'apertura di una società a responsabilità limitata (s.r.l.) è il top per fare le cose in grande.

In relazione all'account base su Amazon, il limite principale è costituito dai 40 prodotti al mese, come valore massimo vendibile. Se vuoi qualcosa in più, l'account pro è una conditio sine qua non. Quanto costa? Più o meno 500 euro all'anno.

Per i costi di prodotto, indichiamo 2.000 euro come costi iniziali: il parametro è troppo generico e dipende dalla tipologia di prodotto. Tuttavia, se si tiene conto del fatto che occorre fare dei test, acquistare un maggior numero di lotti per ottenere prezzi migliori dai fornitori, beh ... il dato indicativo è quello.

Insomma, il totale tra partita IVA, account Amazon Pro (meglio dopo un anno) e quantità di prodotto acquistato si aggira attorno ai 6.000/6.500 euro all'anno.

Ora che hai di certo maggiori informazioni sulla overture bel tuo business, sei pronto a partire. Attribuisci sempre il giusto peso alle recensioni positive. Cerca di fartene dare nel maggior numero possibile, perché feedback buoni portano nuove vendite. E nuove vendite ti consentono di piazzarti nelle prime posizioni quando si tratta di parole chiave e di ricerche più popolari. Anche perché poi i clienti potranno trovarti sempre più facilmente.

Un esempio ti aiuterà a capire ancora meglio il processo: se un internauta digita la query PALLINE GONFIABILI COLORATE PER PISCINA all'interno dell'apposita barra di ricerca di Amazon, nel momento in cui il primo annuncio che gli apparirà sul monitor del pc o sul display dello smartphone sarà proprio il tuo (naturalmente se vendi palline gonfiabili colorate per piscina), avrai tutte le carte in regola per concludere la vendita. In questo modo, toglierai anche quote di mercato alla concorrenza.

Gli oneri del venditore

Riepilogando, gli step decisivi della procedura sono.

-   Scelta del prodotto da mettere in commercio

-   Selezione del fornitore

-   Approvvigionamento dei prodotti

-   Promozione dei prodotti

E' chiaramente scontato che occorrerà del tempo nella ricerca dei migliori articoli da piazzare sul mercato e nel giusto mix dei suddetti fattori. Ma se il potenziale per il prodotto che hai in mente esiste, eccome se esiste, se hai trovato il fornitore giusto, in grado di realizzartelo a prezzi competitivi, buttati a capofitto in questa nuova ed avvincente sfida.

Marketing per FBA

Il marketing gioca un ruolo di vitale importanza per dare uno slancio al tuo business. Le recensioni positive contribuiscono a dare di sicuro una spinta propulsiva alle vendite. Tuttavia, da sole non bastano. Motivo per cui, che tu sia alle prime armi o che tu sia un venditore Amazon non di primo pelo, fare affidamento sui top recensori, contattare gli amici, puntare sulla pubblicità automatica, rivolgersi agli influencer, tenere conto della mailing list e proporre sconti vantaggiosi ma pro tempore potrebbe garantirti ottimi risultati.

I top recensori meritano una menzione speciale, soprattutto quando si tratta di un prodotto pronto per essere lanciato mediante Amazon FBA. Chi sono i top recensori? Trattasi di utenti che recensiscono i prodotti su Amazon in maniera continuativa. L'azienda di Seattle li mette in classifica e la loro posizione dipende sia dal numero di recensioni fornite che dalla qualità dei contenuti (i lettori hanno trovato utili le informazioni indicate nei testi?). Contattare la lista di top recensori in fase di lancio del prodotto è di certo una strategia interessante: non esitare a chiedere loro di recensire il tuo prodotto. Occhio solo che sulla base di quanto sancito dal regolamento Amazon, non sempre i top recensori sono disponibili. Il motivo risiede nel fatto che la loro recensione potrebbe essere cancellata e il loro account bloccato (chiaramente in entrambi i casi da Amazon). Utilizza con accortezza la suddetta strategia. Hai tutto da guadagnarci.

Gli amici si vedono sempre nel momento del bisogno. E quale momento migliore del lancio del tuo articolo? In fase di debutto, le recensioni degli amici sul tuo prodotto vanno sfruttate. Mettiti d'accordo con loro tramite dei codici, tramite un acquisto verificato (che poi magari ti metti d'accordo per il rimborso totale o parziale del prodotto). Anche la condivisione della pagina Amazon del tuo prodotto sul loro canale Facebook i sui gruppi vari ti porta vantaggi in termini di visibilità.

Nello specifico, contattare gli influencer, specialmente su Instagram, ti consente di avere maggiore visibilità; regalare loro un campione del tuo prodotto, insieme ad un corrispettivo in denaro a fronte di una recensione positiva sia sul profilo personale che su Amazon, darà di certo il via ad un ciclo virtuoso. L'importante è scegliere bene l'influencer: deve esserci attinenza tra la sua storia ed il prodotto che metti in commercio. Perciò, individuali con criterio. Il loro potere decisionale, dopo aver influenzato l'opinione di numerosi acquirenti, ti porterà ad avere un maggior numero di vendita. Potresti chiedere loro anche di pubblicare sul suo profilo un post contenente un codice sconto, fondamentale per catturare l'attenzione di chi li segue.

Anche la mailing list è uno strumento da non trascurare nel momento in cui ti accingi a lanciare il tuo prodotto tramite Amazon FBA. Avere una lista di e-mail dei potenziali clienti è utilissimo, perché puoi contattarli per inviare loro materiale pubblicitario in formato cartaceo nella scatola del tuo prodotto oppure interagendo con loro comodamente online. Puoi anche noleggiare una mailing list, rivolgendoti a chi ha già gli account di posta elettronica del tuo target di riferimento, chiedendo di pubblicare una lettera di presentazione. Starà a te chiaramente trovare l'accordo sulle modalità di pagamento: potrai pagare in percentuale o un corrispettivo totale.

Una volta che puoi contare su un buon numero di recensioni dagli influencer, dai top recensori e dagli amici, è il momento di sfruttare la pubblicità automatica. Obiettivo? Aumentare la visibilità dell'articolo, portandola, naturalmente nei limiti del possibile, ai massimi livelli.

Come già anticipato, proporre sconti per un arco di tempo limitato, darà al tuo prodotto quell'alone di mistero, fondamentale in fase iniziale. Solo in pochi potranno provarlo a costi contenuti in esclusiva. E' in sostanza questo il messaggio che intendi comunicare con la suddetta iniziativa. Considera però che per ottenere guadagni seri con Amazon FBA, urge saper aspettare. Perciò, non desistere se all'inizio gli introiti saranno minimi.

Pertanto, eccoti alcune dritte per quanto riguarda l'ottenimento di buoni risultati in termini di vendite.

- Dedicare al tuo prodotto un blog tematico o un sito internet specifico non può che essere una mossa azzeccata, perché, da un lato, contribuirà ad aumentare la sua visibilità nell'infinito panorama della Rete, e, dall'altro, chiarirà ogni eventuale dubbio della domanda.

- Nell'ottica del discorso degli influencer, il profilo Instagram dedicato ai tuoi prodotti è attualmente un must che non puoi assolutamente permetterti il lusso di ignorare.

- Realizzazione di inserzioni a pagamento: tra Google Adwords e Facebook ADS hai solo l'imbarazzo di dover scegliere. Riuscire a raggiungere un'audience quanto più grande è possibile e, in particolare, il target di utenti a cui stai mirando tramite annunci pubblicitari a pagamento che compaiono sui blog e sui siti a tema, oltre che sui vari profili Facebook, ti consentirà di aumentare la visibilità e di avere più chance di attirare la clientela. La pubblicità, anche nel mondo online, è sempre l'anima del commercio. A maggior ragione se sei un venditore Amazon novizio.

- Essere molto attivi sui social network è il primo passo per avere successo. A fronte di domande su Facebook, sii tempestivo nelle risposte (o cerca di esserlo). Proponi sondaggi, posta articoli attinenti alla categoria di prodotto dove magari ne vengono elencati i punti di forza. In questo modo, avrai maggiori chance di creare una vera e propria community di seguaci.

L'unico ruolo che deve competere ad Amazon è quello di vendere per conto tuo il prodotto. Sarà come guidare con il pilota automatico. Se hai lavorato bene a monte, tutto filerà liscio come l'olio e te ne accorgerai a livello di risultati nelle vendite. Nel momento in cui i tuoi prodotti saranno presenti su Amazon, il tuo lavoro consisterà solo nel monitoraggio delle vendite e, nell'eventualità, nell'apportare correttivi più o meno rilevanti alla tua strategia commerciale. Ma tutto questo, come potrai facilmente intuire, si verifica in qualsiasi campo e con ogni business.

Per concludere, per partire, i top recensori, il supporto degli amici e la pubblicità automatica sono essenziali in fase di lancio immediato. Poi è la volta degli influencer e della mailing list. Infine, per consolidare il posizionamento, un ruolo cruciale va assegnato al blog o al sito internet dedicato, alle attività social e alle inserzioni pubblicitarie a pagamento.

I Tool Indispensabili

Tieni sempre presente che la tecnologia, in particolare il lato software ti viene in aiuto, rilevandosi un preziosissimo alleato, in quanto ti consente di tenere sotto controllo i costi, il tuo profitto e, soprattutto, ti offre l'opportunità di conoscere tutti quei prodotti maggiormente redditizi rispetto agli altri. Nel ruolo di seller, in quale problema potresti imbatterti? Normalmente, nel tuo negozio di Amazon potresti avere una gamma di prodotti ampia e profonda, i volumi di vendita girano, ma quando poi ogni mese vai a fare i conti, ti accorgi che l'utile netto che ti resta nelle tasche non è il massimo e che, in tutta onestà, avresti potuto fare meglio. Come mai, quindi, nonostante il boom delle

vendite, l'aumento dei carichi di lavoro, il guadagno (che è poi l'aspetto più importante) può essere considerato basso? Per rispondere alla domanda, partiamo dalla causa: il monitoraggio in tempo reale e in maniera accurata dei costi effettivi che devi accollarti e degli introiti reali che entrano nelle tue casse non è affatto semplice, specie nel momento in cui le vendite salgono. Lavorare con carta e penna e fare i conti della serva, non basta. Urge un lavoro di studio certosino, dove devi comprendere a pieno quali sono i prodotti che possono portarti maggiori profitti e che ti fanno schizzare la marginalità alle stelle. I software nel campo dell'e-commerce hanno la funzione di supportare al meglio il tuo business. Shopkeeper, sotto questo aspetto, rappresenta l'optimum per ogni venditore che si rispetti.

Cos'è Shopkeeper? Uno degli applicativi che più va per la maggiore tra chi si serve della logistica di Amazon. La sua mission di fondo ruota è strutturata completamente a torno al tracking completo ed immediato delle vendite e di separare tutti i costi, da quelli necessari per la materia prima a quelli per la spedizione, da quelli per la produzione a quelli di marketing, da quelli di importazione alle tasse, dalla dogana a quelli di valutazione, accertamento ed ispezione, senza dimenticare quelli di gestione del magazzino e di eventuali resi e rimborsi. Il programma è in grado di scorporare anche l'IVA. Risultato? Sotto controllo ho il prezzo meno tutti i costi di prodotto, grazie a Shopkeeper. A fine giornata, so di fatto, quanto ho guadagnato per ogni prodotto e per tutte le unità. Ma i vantaggi di questa risorsa non si esauriscono qui: altro aspetto di cruciale importanza sta nel fatto che nel momento in cui ti rendi conto di quanto stai realmente guadagnando, puoi decidere che tipo di strategia di prezzo implementare.

Meglio una strategia aggressiva, dove per ogni unità sei disposto a marginare di meno e a puntare sulla quantità di venduto, oppure, in antitesi, a marginare di più su ogni singola unità, ma a vendere con ogni probabilità di meno? A te la decisione finale. Se vuoi testare il funzionamento di Shopkeeper, per verificare se questo è il software che fa al caso tuo in quanto ad aumento della marginalità, ti invito caldamente a scegliere l'account retrieval, la cui durata corrisponde a 60 giorni.

Per concludere, tracciare la marginalità e i costi con un software dedicato è fondamentale per togliere dallo store tutti quei prodotti che non portano alcun profitto e su quelli che metti in commercio sotto costo. Inizia a dare la giusta importanza e a dedicare tempo sufficiente a tutti quegli articoli che ti garantiscono maggiore utile.

Quanto si guadagna con FBA?

Dare così una risposta su due piedi è un azzardo, visto che sono davvero troppo numerose le variabili che possono decretare il tuo successo (e purtroppo anche, di converso, il tuo insuccesso). Di sicuro, architettare una consolidata struttura, dove non ci siano anelli deboli nella catena, dalla fase di scelta del fornitore all'uscita del prodotto dal centro logistico Amazon, può significare molto, per te che vendi. Anche cambiare radicalmente vita. I primi 60 giorni della tua attività online ti saranno utili per capire cosa va e cosa non va, dove non è necessario apportare correttivi e dove invece urgono sostanziali miglioramenti.

Inoltre, vero è che la vendita avviene in automatico, ma ricordati di essere un venditore attivo. Lascia fare sì il grosso ad Amazon FBA, specie se ti sei da poco tuffato in questo nuovo business, ma non esitare a dire la tua, a metterti in gioco proponendo strategie di marketing che, come è noto, contribuiscono a spingere le vendite. E se il tuo business funziona, non cullarti sugli allori. Opta per un nuovo prodotto. L'intento? Replicare il successo della prima esperienza. Credimi, realizzare questo sogno si può.

L'online abritrage

L'arbitrage può essere inteso come la capacità di trovare su un canale di vendita uno stock di prodotti che sono disponibili ad un prezzo minore e di rivenderli su un altro marketplace ad un prezzo superiore. Per te che vendi, la possibilità in questione è decisamente ghiotta, in quanto diventa facile guadagnare sulla differenza. Bisogna però distinguere dall'arbitrage che viene portato a termine attraverso i canali di vendita tradizionale (off-line) con quanto si verifica online.

Nei canali off-line, puoi trovare dei prodotti in magazzini all'ingrosso oppure negli ipermercati a prezzi ultra convenienti. Ti rechi lì fisicamente, paghi, stabilisci un prezzo di vendita più alto e rivendi i prodotti off-line o addirittura online. Questo è in sostanza l'arbitrage off-line.

Con l'online arbitrage, invece, si presuppone che sia tu da seller navigato a trovare su internet le opportunità maggiormente redditizie. Ad esempio, ti accorgi che le palline gonfiabili colorate per piscina costano su Amazon a 7 euro l'una, ma che su n altro sito internet il prezzo è inferiore e precisamente pari a 2,50 euro. Tu le acquisti e le rivendi a 5 euro cadauno. In questo online arbitrage, margini il 100%.

Sinteticamente, che tipologia di vantaggi presenta l'online arbitrage?

Quello più evidente è di sicuro l'immediatezza. Le opportunità di guadagno, oltre ad essere numerose, sono anche veloci. Chi ci sa fare su internet, beh … ha dinanzi a se un mare magnum di opportunità, in termini di business. Poco ma sicuro. Con un po' di ricerca e di santa pazienza, puoi scoprire cose davvero interessantissime. Come già evidenziato quando si è trattato l'argomento fornitori, è sempre la Cina il mercato dalle potenzialità maggiori. Ma occhio anche all'Europa dell'Est. I prezzi sono maggiori (non di così tanto) rispetto al mercato dell'Estremo Oriente. Tuttavia, gli standard qualitativi sono superiori. E la nicchia che cerca il miglior rapporto qualità prezzo, credimi, è sensibili alla cosa.

Tra gli ulteriori punti di forza dell'online arbitrage, va citato anche il basso investimento iniziale, la possibilità di acquisto di un esiguo numero di prodotti e che è possibile portare a termine la vendita e solo in un secondo momento procedere all'acquisto del prodotto. Di conseguenza, non devi minimamente preoccuparti di pagare le spese di magazzinaggio. Non c'è il rischio di accumulare merce in magazzino e di ritrovarti a che fare mesi dopo con quantità, più o meno notevoli, invendute di prodotto. Con l'online arbitrage, il ciclo è strutturato in real time: metti in vendita un prodotto tramite Amazon FBA, tanto per dirne una, e una volta che un cliente ha acquistato il tuo articolo, procedi subito al riacquisto dello stesso da un altro sito di e-commerce, naturalmente a costi più contenuti, e lo rivendi a prezzo maggiore sempre mediante Amazon FBA.

Cosa dire invece degli svantaggi dell'online arbitrage?

La concorrenza è davvero alle stelle e le informazioni in uso non sono esclusive. Possiamo parlare di assenza totale di barriere per questo genere di competenze, visto che basta una postazione multimediale ed una connessione a internet. Quindi, potenzialmente tutti, ma proprio tutti, possono accedere a queste informazioni, sondare i mercati e valutare le opportunità di introiti.

Sempre per ciò che concerne i punti di debolezza dell'online arbitrage, spiace dirlo, ma è davvero un peccato che lo si possa fare per pochi prodotti, tipo quelli a fine serie. E' poi possibile operare in questo modo per tipologie di prodotto assolutamente differenti. La cosa in questione comporta che il business risulti come un continuo turbinio di sali e scendi. Acquisti a poco, vendi a molto, riacquisti a poco, rivendi a molto e così per molte volte, fino a quando non margini più e a quel punto devi iniziare nuovamente punto e a capo, perché ti tocca trovare su internet un nuovo articolo che costituisca per te fonte di profitto. Tanto per intenderci, con l'online arbitrage, il business non è scalabile. Puoi guadagnare soldi, puoi incassare profitti, ma con questo modello non hai lunghe prospettive. Insomma, fatte le poche e dovute eccezioni di venditori con il talento da broker, non puoi pensare che questo nel lungo termine diventi il tuo lavoro primario. Zero (o quasi) le possibilità di andare incontro ad una crescita esponenziale del tuo business.

In riferimento alle prospettive di guadagno mediante online arbitrage cosa c'è da dire quindi? Sostanzialmente, la ricerca delle giuste opportunità è sempre più cosa complessa, per il motivo che ad una maggiore disponibilità delle informazioni (erga omnes) corrisponde una maggiore concorrenza, oltre a più ostacoli presenti sul cammino dei profitti. Per guadagnare bene, a che prezzo dovresti pagare un articolo fuori dal mondo Amazon e a quale rivenderlo attraverso Amazon FBA? Dare una risposta diretta in questo caso risulta cosa impossibile. Varie sono le scuole di pensiero dei guru nel campo del commercio elettronico. Se il costo di acquisto è inferiore alla metà del prezzo di Amazon, hai tutte le carte in regola per portarti a casa una certa marginalità. Un'altra idea è quella che il costo del prodotto al di fuori del contesto Amazon deve essere almeno tre volte inferiore al prezzo di rivendita sul sito di e-commerce più popolare al mondo. La motivazione principale è tutta incentrata sulla presenza di costi nascosti, commissioni in primis.

Tirando le somme, nel momento in cui fossi intenzionato a fare online arbitrage mediante Amazon FBA, la scelta del prodotto va ponderata al meglio. Oltre alla possibilità di avere margine, la rotazione diventa un parametro essenziale che devi obbligatoriamente valutare. Il rischio di acquistare prodotti che poi non riesci a vendere e che, di conseguenza, ti restano sul groppone, purtroppo è sempre dietro l'angolo. E questo, gli abili venditori lo sanno benissimo. E di prodotti che girano alla grandissima su Amazon, c'è molta richiesta.

Amazon FBA: non solo rose e fiori

Amazon FBA funziona sotto certi versi proprio come una specie di catena di montaggio. In sostanza, tutti i venditori che decidono di affidarsi a questo servizio sanno che la merce che acquisteranno dai fornitori e che venderanno online resterà in giacenza nei magazzini Amazon. In questo modo, la gestione è veloce e strettamente connessa all'evasione degli ordini.

Pertanto, quali sono i vantaggi nell'optare per Amazon FBA come modello di business online?

I punti di forza sono così riassumibili;

- Categoria Prime: entrare nelle cosiddette Prime Ammissibili, ti consente in quanto venditore di vedere i tuoi prodotti visualizzati con anticipo rispetto a quelli della concorrenza.

- Esclusività: risultato? Avere tutte le carte in tavola per incrementare il numero di acquirenti potenziali, visto che i membri di Prime, mediamente, sono abituati a spendere importi maggiori.

- Maggiori chance di aggiudicarti la BUY BOX: almeno per il momento, la BUY BOX rappresenta l'82% delle vendite di Amazon. Entrarne a far parte è un vantaggio competitivo di grande rilevanza.

- Free Shipping e Salva-Trasporto: chi diventa tuoi cliente potrà beneficiarne, in quanto tu sei venditore Amazon FBA.

- Spedizione Notturna: a fronte di una tariffa corrispondente a 3,99 dollari, potrai spedire il prodotto anche di notte. La consegna sarà più veloce. E molti clienti vogliono questo servizio. I numeri sono chiari: se numerosi imprenditori di Amazon hanno registrato un aumento delle vendite pari a 25 punti percentuali grazie alla spedizione notturna, vuol dire soltanto che il servizio tira.

Quali sono gli svantaggi nell'optare per Amazon FBA come modello di business online?

I punti di debolezza sono così riassumibili:

- Costi da affrontare: i costi che devi accollarti come venditore, rappresentano le voci di guadagno per l'azienda di Jeff Bezos. Tu paghi di fatto il prezzo per piede cubo dello spazio che i tuoi articoli occupano all'interno del centro logistico Amazon. Per i prodotti di dimensioni contenute, i costi sono accettabili. Tuttavia, se la lunghezza aumenta, il discorso inevitabilmente cambia. In primis, ad essere maggiormente interessati a questo aspetto sono gli articoli a coda lunga, i cui tempi di stoccaggio in magazzino non sono poi così veloci.

- Occhio al lungo termine: se i prodotti restano a magazzino per oltre 6 mesi o per più di 12 mesi, tenendo conto dei 500 euro e dei 1.000 euro al metro cubo da versare nelle casse di Amazon, c'è il rischio che la tua realtà imprenditoriale ci perda considerevolmente.

- Rintracciare l'inventario non sempre è semplice: ecco perché numerosi venditori Amazon preferiscono gestirlo in prima persona piuttosto che metterlo nelle mani di terze parti (ndr il personale Amazon).

- Amazon richiede specifici imballaggi: nel momento in cui in qualità di venditore non ti attieni alle direttive di Amazon, ti vengono addebitate penali salatissime.

- Errori: dare in affidamento l'intera catena logistica del proprio business ad Amazon sotto certi aspetti è come fare testa o croce. I ritardi di consegna, le perdite di prodotto e i danneggiamenti sono tutti errori che potenzialmente potrebbero verificarsi anche con te, qualora gestissi la catena logistica in prima persona. Amazon ha fatto progressi sotto questi aspetti, ma sono ancora in molti i problemi.

Come ottenere vendite in modo costante

Ottenere successo nelle vendite con Amazon FBA significa fare soldi. Non c'è una ricetta univoca. Però, non intendo illuderti. Parti con le idee chiare. Non tutti fanno soldi tramite Amazon FBA. Ma solo i venditori più bravi. Partire con un piano aziendale Amazon FBA è il primo passo da fare: tieni però ben a mente che stai mettendo in piedi un'attività che fa affidamento sui servizi che Amazon mette a tua disposizione e non un mero business Amazon.

Le strategie maggiormente redditizie sono quelle di selezione del prodotto, di prezzo e di marketing. Nel primo caso, scegli un prodotto così innovativo che nessuno o quasi lo ha messo sul mercato. Puoi farlo, se sei creativo e se ti imbatti nei canali giusti. La seconda è una strategia di prezzo. Deve essere più basso rispetto a quello della concorrenza. Ciò è rischiosissimo, perché potrai farlo solo se sarai disposto ad acquistare un quantitativo di prodotto maggiore. In questo modo, il fornitore con ogni probabilità ti tratterà meglio, proponendoti un prezzo maggiormente conveniente. Infine, la terza verte su un'innovativa strategia di marketing. Un titolo ad effetto, un headline ad hoc, il ricorso alle inserzioni pubblicitarie e ai testimonial possono rivelarsi alleati preziosi per farti conseguire i traguardi più ambiziosi a livello di vendite.

Ma non è tutto oro quel che luccica

Attorno ad Amazon FBA, specie di recente, sono sorti tutta una serie di business paralleli su cui occorre prestare massima attenzione. Specie per i novizi. Quello principale ha come focus l'insegnamento del suo funzionamento: di corsi online che costano fior fior di quattrini ce ne sono fin troppi. Chiaro è che questo servizio costituisce un'ottima opportunità per guadagnare importanti somme di denaro. Occhio però solo a non speculare. Specie in Italia, visto che basta davvero poco per professarsi neo-guru. Fare soldi online si può, ma non è semplice, non è per tutti, ma soprattutto non è cosa immediata, visto che occorre uno studio a tavolino, una valutazione critica personale e una conoscenza del mondo online e del settore in cui, in qualità di venditore Amazon, sei smanioso di mettere alla prova le tue reali abilità di vendita.

Le principali cause di fallimento

Nel campo del commercio elettronico non c'è spazio per l'improvvisazione. I dilettanti allo sbaraglio qui non hanno scampo. Si può anche fallire, riprovare, rifallire una o più volte per poi farcela. L'importante, però, è che ci sia un lavoro di programmazione ben realizzato nelle linee generali e nei particolari.

In ogni caso, ecco alcuni degli errori più comuni che fanno i venditori tramite Amazon FBA.

- Ritiro dopo il primo flop: le vendite all'inizio non danno buoni risultati. Questo può succedere. Molti però mollano, credendo di aver perso tempo. Magari se avessero sperimentato nuovi prodotti o testato nuove strategie, i risultati sarebbero stati totalmente differenti. Dagli errori si impara sempre. Concediti perciò il lusso di sbagliare. Se prendi un prodotto, lo hai analizzato a sufficienza, lo metti in commercio ma non vendi o la marginalità che ti porti a casa è davvero ridotta all'osso, non demordere. Rianalizza il mercato, compra un altro prodotti e rivendilo da zero. Quello in oggetto non è altro che un processo di apprendimento, dove diventa essenziale che tu, in quanto seller, anche a fronte di un fallimento o di una sconfitta, impari ed inverta la rotta. Gli errori sono pertanto parte integrante della costruzione del futuro del tuo business. Una volta che avrai appreso i segreti del business, in ogni lancio di nuovo prodotto ne guadagnerai, perché eliminerai tutto il superfluo. Conseguentemente, aumenterai anche le probabilità di successo, perché ti focalizzerai solo sulle cose che funzionano bene.

- Mancanza di pazienza e di costanza: non avere pazienza, non essere costanti è deleterio per il tuo business. Il volere tutto e subito nel commercio elettronico non esiste. Sarebbe bello se fosse così, vero? Volere risultati a distanza di un mese dal tuo debutto è pura utopia. L'universo Amazon ha sì il vantaggio di consentirti di arrivare più velocemente al successo rispetto ad altre forme di business più o meno tradizionali, ma non esagerare nelle credenze. Di sicuro, il processo è più democratico, visto che, come si è più volte sostenuto, l'investimento iniziale non deve essere per forza di cose così massiccio, come magari poteva esserlo anni addietro. Ciò nonostante, molti seller oggi hanno ancora una mentalità errata e che vogliono risultati sin da subito, senza magari avere la costanza di fare le cose step by step e giorno per giorno. Devi inoltre dedicare come minimo due ore del tuo tempo ogni giorno al tuo canale di vendita. Senza pazienza e senza costanza, le chance di avere successo tramite Amazon FBA sono prossime allo zero. Cambiare rotta sarebbe meglio.

-       Mancanza di azione: spesso i seller falliscono su Amazon FBA perché non hanno spirito di iniziativa. Ciò significa che, una volta che sei lì, che hai fatto un'accurata analisi del prodotto, che hai fatto diverse comparazioni, devi agire. Far durare troppo la fase di analisi ritarda il successo nelle vendite. Sia ben chiaro: i numeri vanno letti. Studiare è essenziale per evitare errori in serie. Tuttavia, su questo aspetto è necessario porre una deadline. Paradossalmente, su Amazon FBA ha più chance di successo un prodotto di mediocre livello qualitativo ma supportato da tanta azione che uno di pregevole fattura, dove non agisci e resti ancorato perennemente all'analisi. Il motivo? Un prodotto mediocre supportato da una buona strategia ti consente di imparare dagli errori, di migliorare in itinere e di selezionare in seguito un prodotto migliore piuttosto che investire parecchio tempo in analisi, ma non muoverti.

- Errata scelta del prodotto. Magari ci si addentra nei sentieri di un business già consolidato, dove le recensioni abbondano e il mercato è ultra-saturo. Sì, ma questo business è quello che ti piace di più? Ok, ma come abbiamo visto, i gusti non necessariamente si incontrano con i traguardi. Anzi. Il più delle volte, si verifica l'esatto opposto.

- Il prodotto è giusto, ma il fornitore è sbagliato: reperire chi ti realizza il prodotto è tutt'altro che semplice. Dovendo contenere i costi della manodopera, dovrai comunicare quasi sicuramente in inglese con i cinesi. E di per sé la cosa ha già i suoi svantaggi. I prezzi che andrai a pagare, devi poterteli permettere, poi. I tempi di consegna devono essere rispettati. Lo standard qualitativo del prodotto deve essere come minimo accettabile. Un mix di fattori con troppe variabili in ballo. Basta che una sola viene meno e i rischi di floppare si nascondono dietro l'angolo.

- Focalizzazione sulle cose meno rilevanti: l'universo Amazon è pressoché infinito e sono molti i venditori che si perdono nei meandri dei dettagli. Premesso che i dettagli sono di cruciale importanza e che spesso determinano il successo di un business, occorre precisare che questi devono essere trascinati dalle cose principali. E quali sono le cose alla base di una struttura logistica di successo? Diventare maestri nel selezionare tutti quei prodotti ad alta marginalità e con alte chance di successo. Dopo essere diventati bravi nella selezione, c'è bisogno di affinare le competenze nel posizionamento dell'articolo su Amazon FBA mediante i lanci e tramite tutti quei consigli degli esperti di questo mondo. Infine, per l'ottenimento di buoni risultati nel medio e lungo termine, il posizionamento raggiunto, magari con sforzi non indifferenti, va consolidato. Questo ti permette ti portare al massimo le tue vendite e di sfruttare al meglio le iniziative di marketing, il traffico su Amazon e quello esterno. Questo è ciò che può essere definito rilevante. Come già sottolineato, i dettagli servono ma li sfrutti al meglio soltanto se trascinati dalle colonne portanti del business.

- Calcolo sbagliato dei costi fissi da sostenere e dei margini che si prevede di incassare: un lavoro raffazzonato può comportare calcoli errati e perdite. Per questo motivo il business plan è fondamentale. Anche se vendessi prodotti su Amazon per puro passatempo. Butta giù due numeri, armati di calcolatrice e vedi i risultati. C'è margine di guadagno? Ti conviene buttarti in questa avvincente sfida? Sii realista e non sognatore ed effettua questo lavoro a monte. Farlo in itinere equivale al suicidio, in termini economici,

- Schede prodotto non accurate: sì, ma come fanno i clienti a trovare i venditori? Le schede prodotto sono lo specchio del tuo business. Se sono fatte male, anche il tuo business andrà male. E' questo uno degli errori più sottovalutati dai commercianti Amazon. Un paio di fotine fatte come si deve, una descrizione accurata sulle caratteristiche di prodotto, un testo SEO oriented, dove le parole chiave siano ottimizzate sui motori di ricerca, ti danno di sicuro maggiori possibilità di essere visibile sia su Amazon che su Google e sui numerosi motori di ricerca.

- Formazione sottovalutata: quando si tratta di Amazon FBA, non investire in se stessi e non credere nella formazione è uno degli errori più frequenti. Nel modo dell'e-commerce, la formazione è paragonabile ad un bene di primaria necessità, visto che ti consente di esaminare da vicino quali sono stati gli errori effettuati dagli altri venditori e qual è la mentalità che li ha portati al flop nel campo delle vendite online. Capire come non devi comportarti, fa sì che tu eviti perdite di tempo e di denaro. Per concludere, prenditi uno spazio di tempo, anche 15 minuti al giorno, da dedicare alla formazione. E' un modo di crescere professionalmente e di rendere migliore il tuo business. Rimanere aggiornati vuol dire avere un passo più spedito rispetto ai concorrenti e ripetere errori che possono mettere il bastone tra le ruote alla tua attività. Spesso addirittura prima di partire. In Amazon FBA la competizione è alle stelle e se non investi in formazione, resterai indietro rispetto alla concorrenza.

Agisci, sii paziente, sii costante, sbaglia quanto basta, impara, migliorati e aggiornati. I tuoi risultati saranno migliori.

Amazon FBA su misura

Come più volte evidenziato all'interno del suddetto e-book, Amazon FBA rappresenta senza ombra di dubbio un servizio dalle potenzialità notevoli in materia di vendite online. Solo tu, da venditore navigato, puoi decidere se vale la pena aderire a questo strumento, considerando le tue effettive esigente dal punto di vista commerciale.

E' scontato dire che per i venditori novizi, trattandosi di un'opzione a pagamento, Amazon FBA si rivela scelta corretta, ma solo se tu non hai troppo tempo da dedicare e preferisci che Amazon gestisca la cosa per conto tuo. Se invece hai esperienza nella gestione degli ordini online e sei in grado di evaderli in maniera autonoma anche a fronte di una rilevante crescita numerica, se hai tempo a disposizione, se riesci a garantire un servizio di assistenza clienti degno di questo nome, che senso ha delegare ad Amazon? Gestire la catena logistica della tua realtà imprenditoriale è una cosa che puoi fare tranquillamente da solo e in modo indipendente.

Il modello di business in questione viene considerato il non plus ultra anche da quei venditori che hanno un negozio fisico, dove i volumi di vendita sono elevati, e che magari considerano il canale online, semplicemente come una possibilità di intercettare nuovi utenti al di fuori del contesto geografico in cui operano.

Lo stesso dicasi per coloro che non hanno un'approfondita conoscenza del commercio elettronico e, visti gli ottimi risultati del negozio fisico dove sono assiduamente impegnati, di tempo a disposizione per badare al canale online nella routine giornaliera proprio non ne hanno nemmeno un po'.

Infine, Amazon FBA trova gradimento anche fra i numerosi venditori che vantano a catalogo un'ampia e approfondita gamma di prodotti e tra i commercianti che hanno più business, anche talvolta eterogenei. In questi casi, il tempo per l'immagazzinaggio, per l'evasione rapida dell'ordine e per la spedizione inizia a scarseggiare se i volumi d'affari sono alti e se il personale è ridotto. Ergo, a fronte di ritmi alquanto serrati è meglio delegare a chi è del mestiere, come lo staff di Amazon. Tu potrai concentrarti soltanto sulla parte business della tua realtà aziendale.

Se sei intenzionato fortemente a vendere online e non hai ancora fatto il tuo debutto mediante Amazon FBA, è preferibile optare per una vetrina online, dove i tuoi prodotti vengano esposti agli utenti Amazon. Una volta controllato l'andamento delle tue vendite, se i numeri ci sono e registri un positivo trend di crescita, tentare l'avventura può essere una bella esperienza. Ma ricorda, solo se il numero degli ordini sale.

Conclusioni

Se Amazon FBA sta riscuotendo sempre più successo (e di margini di crescita ce ne sono ancora), gran parte del merito spetta di diritto alla rivoluzione del web 2.0. Cosa ha portato di nuovo? Sono sempre di più gli internauti costantemente connessi, sempre di più gli acquirenti che fiutano su internet l'affare, sempre di più i consumatori che vogliono risparmiare, così come gli imprenditori e i rivenditori oculati che desiderano acquistare a poco e rivendere a molto. Nel corso dell'ultimo decennio, la storia è chiarissima: Amazon ha contribuito in maniera massiccia al boom del commercio elettronico. All'interno del portale del Colosso di Seattle puoi trovare veramente di tutto. Molte imprese hanno saputo aumentare i loro volumi d'affare e, di conseguenza, i profitti, sfruttando al meglio il loro negozio Amazon.

Insomma, con Amazon FBA assisterai al trionfo della logistica in grado di semplificarti la vita e contemporaneamente alla creazione di nuove opportunità di business, direttamente per conto tuo. Per avere successo in questo sistema di vendita online, ti conviene sempre puntare su un numero più o meno elevato di prodotti. Anche differenti. L'importante è che siano di piccole dimensioni. Non avere paura di metterti in gioco. Certo, ci saranno un paio di prodotti che venderanno di più rispetto agli altri, ma il tuo fatturato sarà costituito da tutte le vendite dei tuoi prodotti.

Disclaimer

Tutti i marchi registrati e loghi citati in questo libro, incluso Amazon, appartengono ai rispettivi proprietari.
L'autore di questo libro non pretende né dichiara alcun diritto su questi marchi, che sono citati solamente a scopi didattici.

www.ingramcontent.com/pod-product-compliance
Lightning Source LLC
Chambersburg PA
CBHW051319220526
45468CB00004B/1405